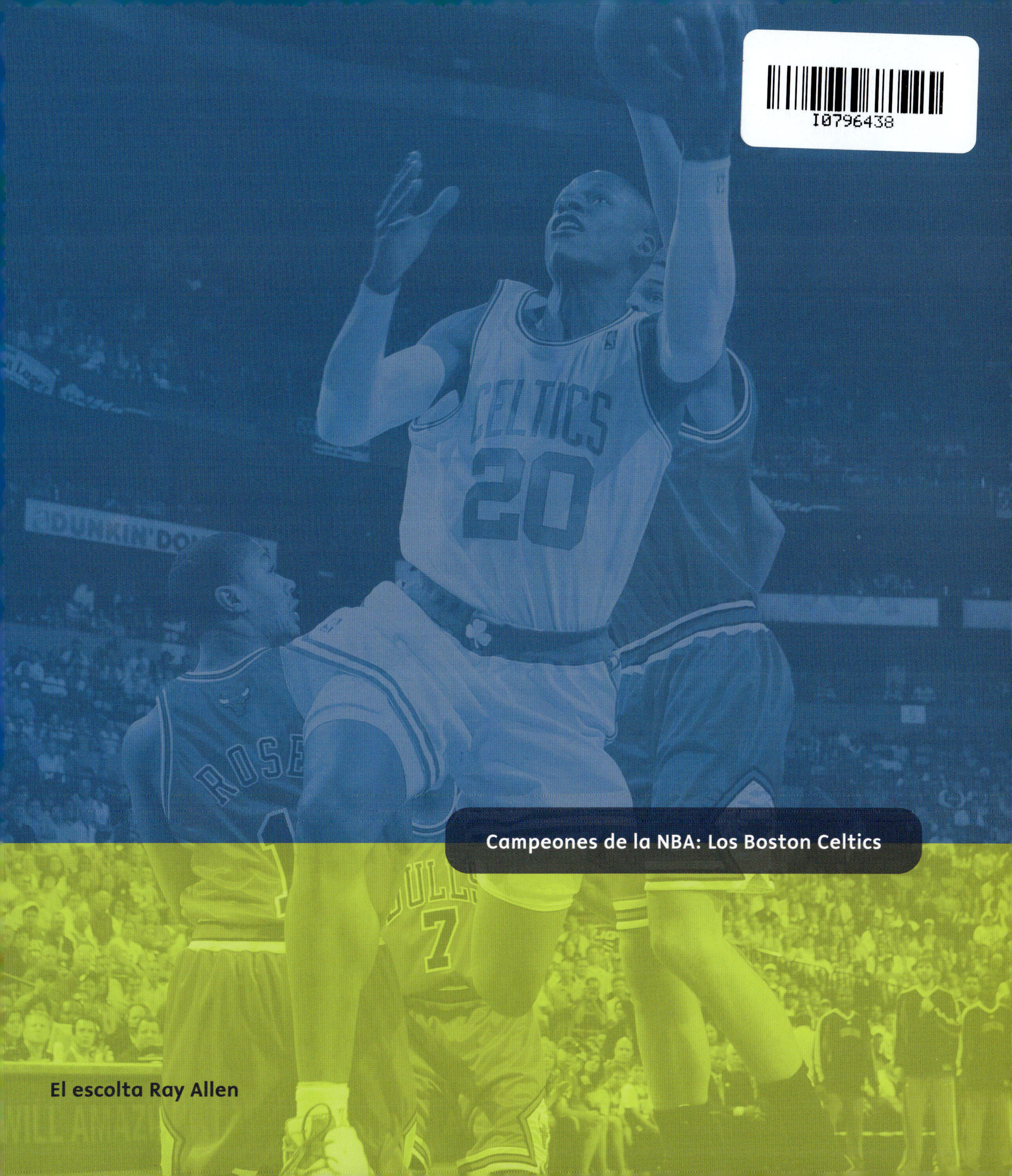

Campeones de la NBA: Los Boston Celtics

El escolta Ray Allen

El base Dee Brown

CAMPEONES DE LA NBA

LOS BOSTON CELTICS

JOE TISCHLER

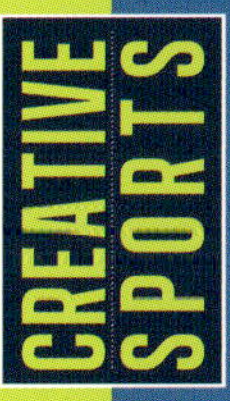

CREATIVE EDUCATION / CREATIVE PAPERBACKS

El ala pívot Kevin Garnett

Publicado por Creative Education y Creative Paperbacks
P.O. Box 227, Mankato, Minnesota 56002
Creative Education y Creative Paperbacks son sellos de
The Creative Company
www.thecreativecompany.us

Dirección artística de Tom Morgan
Producción del libro por Graham Morgan
Editado por Grace Cain

Imágenes de Getty Images/Alex Bierens de Haan, 10, Andrew D. Bernstein, portada, 16, Brian Babineau, 1, 4, 7, Carmen Mandato, portada, Dick Raphael, 15, 19, Gregory Shamus, 20, Manny Millan, 6, Mitchell Leff, 3, Nathaniel S. Butler, 2, NBA Photos, 5, Steve Babineau, 12, Steve Dunwell, 9, Steven Ryan, 24

Library of Congress Cataloging-in-Publication Data
Names: Tischler, Joe, author.
Title: Los Boston Celtics / by Joe Tischler.
Other titles: Boston Celtics. English
Description: Mankato, Minnesota : Creative Education and Creative Paperbacks, [2025] | Series: Creative sports. Campeones de la NBA | Audience: Ages 7-10 years | Audience: Grades 2-3 | Summary: "Elementary-level text translated into North American Spanish and dynamic sports photos highlight the NBA championship wins of the Boston Celtics, plus sensational players associated with the professional basketball team such as Jayson Tatum"-- Provided by publisher.
Identifiers: LCCN 2024023415 (print) | LCCN 2024023416 (ebook) | ISBN 9798889898115 (lib. bdg.) | ISBN 9781682778708 (paperback) | ISBN 9798889898313 (ebook)
Subjects: LCSH: Boston Celtics (Basketball team)--Juvenile literature. | Basketball--Massachusetts--Boston--History--Juvenile literature.
Classification: LCC GV885.52.B67 T5718 2025 (print) | LCC GV885.52.B67 (ebook) | DDC 796.323/640974461--dc23/eng/20240712

Impreso en China

El centro Robert Parish

El escolta John Havlicek

ÍNDICE

Hogar de los Celtics

Boston (Massachusetts) es una ciudad rica en historia. Es conocida por el viaje de medianoche de Paul Revere. También es conocida por la Fiesta del Té de Boston. Juega allí un equipo de baloncesto que también es rico en historia. Son los Celtics. Juegan en casa en el TD Garden.

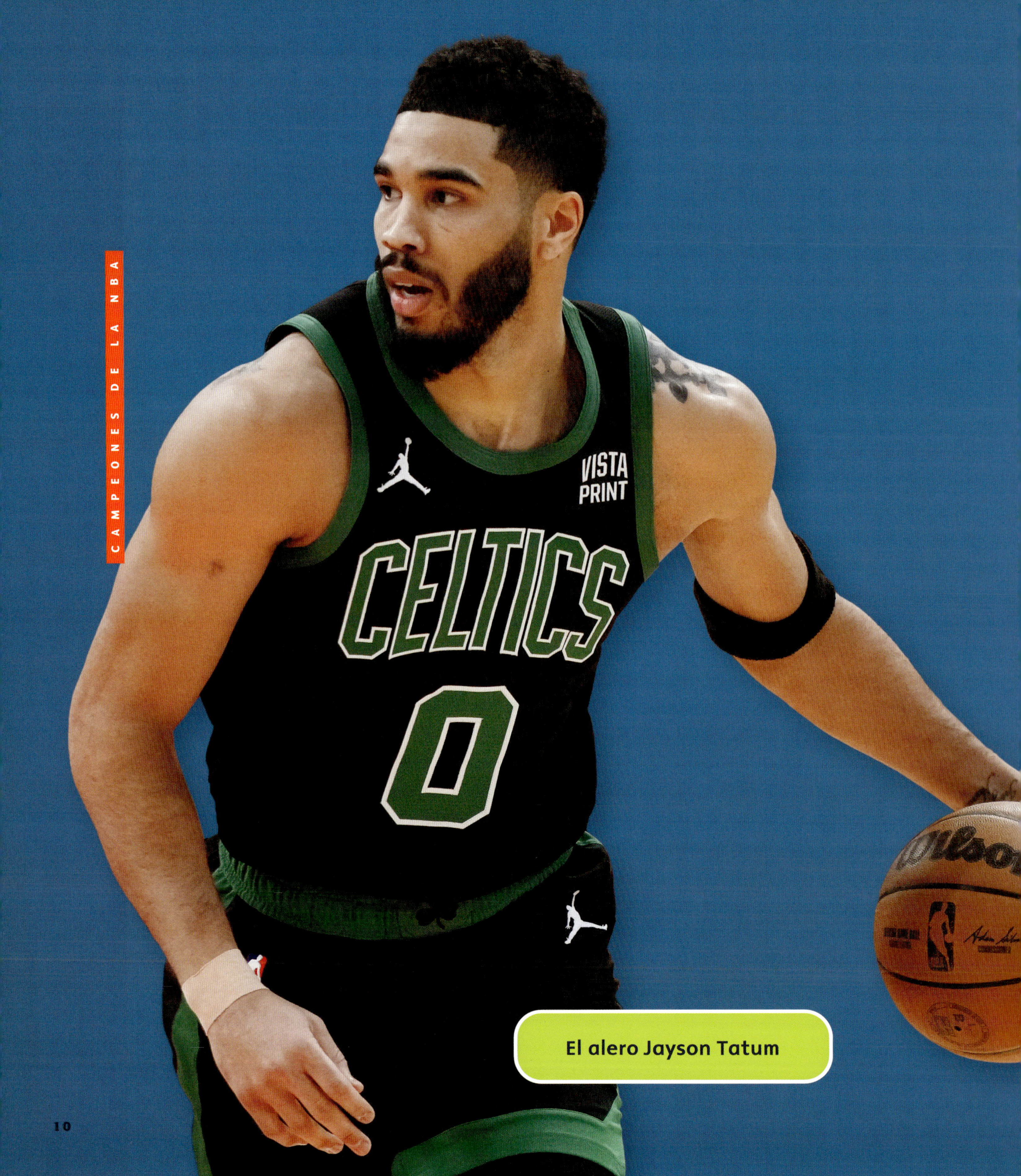

El alero Jayson Tatum

Los Boston Celtics son un equipo de la Asociación Nacional de Baloncesto (NBA). Juegan en la División Atlántica. Es parte de la Conferencia Este. Sus **rivales** son los Philadelphia 76ers y Los Angeles Lakers. Todos los equipos de la NBA quieren ganar las Finales de la NBA y proclamarse campeones. ¡Los Celtics han ganado un récord de 18 campeonatos!

El escolta Paul Pierce

Nombrando a los Celtics

El primer propietario del equipo eligió el nombre del equipo. Boston tiene una gran población irlandesa. Los irlandeses suelen llamarse "Celtics". Al propietario original del equipo también le gustaban los Original Celtics. Eran un equipo de **barnstorming** de los años 20.

Historia de los Celtics

Los Celtics empezaron a jugar en 1946. Fueron uno de los equipos originales de la NBA. Bill Russell fue una de las primeras estrellas del equipo. Llegó a Boston para la temporada 1956-57. Los Celtics ganaron su primer **título** ese año. Jugó 12 años más en Boston. Los Celtics ganaron 10 campeonatos más durante ese tiempo. Russell fue nombrado **Jugador Más Valioso (MVP)** de la NBA cinco veces.

De 1959 a 1969, los Celtics se enfrentaron siete veces a Los Angeles Lakers en las Finales de la NBA. Boston ganó todas las veces. Bob Cousy estuvo en la mayoría de esos

El base Jo Jo White

El ala pívot Larry Bird

equipos. Era genial dando **asistencias**. Sam Jones era genial anotando.

Los Celtics siguieron ganando títulos. Ganaron en 1974. Y de nuevo en 1976. El alero estelar Larry Bird llevó a Boston a ganar tres títulos más en la década de 1980. Tres veces fue nombrado MVP de la liga. También participó en 12 partidos All-Star. Kevin McHale y Robert Parish también fueron **All-Star** en aquellos equipos.

Los "Big 3" dieron a los Celtics su siguiente título. Fue en 2008. Estaba formado por Paul Pierce, Kevin Garnett y Ray Allen. Vencieron a los Lakers en las Finales de la NBA. Pierce jugó 15 años para los Celtics. Participó en 10 partidos All-Star.

Otras estrellas de los Celtics

Los Celtics han tenido muchas otras estrellas. John Havlicek jugó 16 temporadas con Boston. Participó en 13 partidos All-Star. Estuvo en ocho equipos campeones de los Celtics. Su compañero de equipo Dave Cowens fue ocho veces All-Star.

El centro Dave Cowens

El escolta Jaylen Brown

rnold "Red" Auerbach fue un gran entrenador. Más tarde fue **ejecutivo**. Entrenó a los Celtics durante 16 años. Ganó nueve títulos. Ganó siete títulos más como ejecutivo.

Jayson Tatum y Jaylen Brown lideran hoy a los Celtics. Ayudaron a Boston a ganar el título en 2024. Los fans de los Celtics esperan que puedan ayudar a traer un récord de 19 títulos a Boston pronto.

Acerca de los Celtics

Primera temporada: 1946-47

Conferencia/división: Conferencia Este, División Atlántica

Colores del equipo: verde, dorado y café

Estadio local: TD Garden

CAMPEONATOS DE LA NBA:

1957, 4 partidos a 3 sobre los St. Louis Hawks

1959, 4 partidos a 0 sobre los Minneapolis Lakers

1960, 4 partidos a 3 sobre los St. Louis Hawks

1961, 4 partidos a 1 sobre los St. Louis Hawks

1962, 4 partidos a 3 sobre Los Angeles Lakers

1963, 4 partidos a 2 sobre Los Angeles Lakers

1964, 4 partidos a 1 sobre los San Francisco Warriors

1965, 4 partidos a 1 sobre Los Angeles Lakers

1966, 4 partidos a 3 sobre Los Angeles Lakers

1968, 4 partidos a 2 sobre Los Angeles Lakers

1969, 4 partidos a 3 sobre Los Angeles Lakers

1974, 4 partidos a 3 sobre los Milwaukee Bucks

1976, 4 partidos a 2 sobre los Phoenix Suns

1981, 4 partidos a 2 sobre los Houston Rockets

1984, 4 partidos a 3 sobre Los Angeles Lakers

1986, 4 partidos a 2 sobre los Houston Rockets

2008, 4 partidos a 2 sobre Los Angeles Lakers

2024, 4 partidos a 1 sobre los Dallas Mavericks

PÁGINA WEB DEL EQUIPO:

https://www.nba.com/celtics/

Glosario

All-Star— jugador elegido para jugar en el partido All-Star, en el que participan las mejores estrellas de la temporada

asistencia— pase de baloncesto que conduce a una canasta

barnstorming— gira que hace breves paradas en muchas ciudades

ejecutivo— persona o grupo que tiene autoridad

Jugador Más Valioso (MVP)— un honor otorgado al mejor jugador de la temporada

rival— equipo que juega más duro contra otro equipo

título— otra palabra para campeonato

El ala pívot Kristaps Porziņģis

Índice